L_K^8 S_A^{13}

Société Centrale de Colonisation

BIBLIOTHÈQUE DU COLON

PUBLIÉE

SOUS LA DIRECTION DE M. GARBÉ.

Algérie. — Documents historiques.

PARIS. — IMPRIMERIE DE SCHILLER AÎNÉ.
Rue du Faubourg-Montmartre, 11.

LES

BUREAUX ARABES

EN ALGÉRIE

PAR

M. VICTOR FOUCHER

Ancien directeur général des affaires civiles en Algérie.

———◆———

PARIS

LIBRAIRIE INTERNATIONALE

DE L'AGRICULTURE ET DE LA COLONISATION
Rue de Richelieu, 110.

—

1858

LES BUREAUX ARABES

EN ALGÉRIE.

———

Un procès qui restera célèbre a éveillé l'attention publique sur l'institution des bureaux arabes, et les crimes reprochés à un jeune officier que ses brillantes qualités militaires n'ont pu défendre ni protéger contre l'action impartiale et régide des ministres de la justice, sont venus faire douter que cette institution pût survivre aux coups qu'une voix éloquente lui a portés en s'écriant, en plein prétoire : « Que dit ma cause ? Elle dit que le capitaine Doineau, chef du bureau arabe de Tlemcen, était le maître souverain des biens et des personnes, cela est évident ; et alors je dis que si les bureaux arabes doivent être jugés sur celui de Tlemcen, il n'y a pas à hésiter : il faut les abattre ou les réformer ! Oui, Doineau était le maître absolu ; ses ordres étaient servilement exécutés, car, derrière lui, il y avait l'*ultima ratio*, il y avait le souvenir des exécutions militaires. »

Terrible anathème lancé contre un des éléments importants de notre administration, dans un pays que la France était si orgueilleuse d'avoir conquis autant par la gloire de ses armes que par la sagesse, la probité, la modération et la bienveillance de ses agents vis-à-vis des 2,500,000 sujets indigènes qu'elle y compte aujourd'hui.

Accusation d'autant plus grave qu'elle a sa base dans des faits coupables au plus haut chef, que le droit public des gens, la loi privée, l'humanité et la générosité chevaleresque de la nation réprouvent également.

Mais ces actes, dont la répression par le plus terrible des châtiments prouve au moins avec quelle fermeté les magistrats sont prêts à les punir, peuvent-ils remonter jusqu'à l'institution même des bureaux arabes, jusqu'à leur organisation, ou ne sont-ils, au contraire, que le fait isolé d'un de ses agents, qui y avait été conduit insensiblement par des circonstances toutes particulières (1) ? C'est ce qu'il faut rechercher.

L'opinion publique n'est, en général, que trop portée à se passionner et à juger sous l'impression que lui laissent les faits extérieurs, à envelopper dans la même réprobation et l'institution et l'agent, faute de pouvoir bien se rendre compte de ce qui est du domaine de l'une et de ce qui est de l'action de l'autre.

L'institution des bureaux arabes est, à mes yeux et dans ma conviction, trop utile au développement de la conquête et de la colonisation, elle est un intermédiaire trop nécessaire vis-à-vis des populations indigènes

(1) En effet, la confiance que cet officier inspirait à ses chefs, les localités dans lesquelles il avait à remplir ses fonctions, les mœurs des populations sur lesquelles il les exerçait, l'énergie de son caractère, tout a concouru à lui imprimer une idée si exagérée de son pouvoir, que, se plaçant au milieu même des passions qu'il eût dû combattre, il les a épousées peu à peu au point d'en être aveuglé et de méconnaître ces lois d'honneur et de sévère probité dont l'armée française est si sévère gardienne, que la même voix qui jetait l'anathème sur les bureaux arabes a pu dire : « Ah! si le sang déshonore, l'argent volé rend infâme. Un trésor dans la malle d'un officier qui refuse d'en indiquer l'origine, ah! c'est un trésor fatal ! Le possesseur de cette somme inexpliquée est un homme perdu, perdu pour tous; il n'a plus d'amis, de camarades ! Ah ! disons-le tout de suite : *c'est là un fait unique dans notre histoire militaire.* »

pour qu'il soit permis de l'entendre ainsi condamner et presque flétrir sans chercher à dé-
gager la vérité et la présenter telle qu'elle doit
apparaître aux yeux des hommes sérieux.

Mêlé moi-même pendant plusieurs années à
la haute administration de l'Algérie, il m'a été
donné d'entendre bien des critiques, d'en rechercher les causes, d'en mesurer la véritable
portée, et, en résumé, j'ai reconnu que, de loin,
il est bien difficile de porter un jugement sain et
réfléchi sur les hommes et sur les choses, alors
qu'on n'a ni la connaissance ni l'expérience locale des besoins des populations et des nécessi-
tés de la guerre et de la conquête.

Or, c'est à former le jugement et à rectifier les
erreurs de l'opinion que tous les hommes dé-
voués à la cause de notre colonie doivent travailler sans relâche, car l'Algérie est une terre
féconde, pleine de richesses de toute espèce,
qui, bien préparée, rendra à la mère-patrie
beaucoup plus que les sacrifices qu'elle lui aura
coûtés, si l'on ne veut être ni trop impatient,
ni trop parcimonieux envers elle.

Pour bien juger de l'institution des bureaux
arabes, il faut se placer au milieu des populations sur lesquelles ils sont appelés à exercer
leur action, et il faut remonter aux causes qui
ont amené leur établissement.

La société arabe se compose d'éléments essentiellement différents de ceux qui président à l'organisatien de la nôtre.

Habitants des villes ou des champs, leur langue, leurs mœurs, leurs lois, leurs usages, tout diffère; en un mot, la civilisation de l'Orient n'est pas celle de l'Occident. C'est ce que personne n'ignore et c'est cependant ce qu'on perd de vue.

Mais l'Arabe, parmi les Orientaux, a sa physionomie à part; peuple pasteur en général, il est guerrier, il est fier, mais en même temps il est mobile, rusé et surtout intéressé.

Possesseur de troupeaux immenses, ayant l'espace pour lui, la tente lui suffit pour s'abriter, et alors que la terre lui manque, que son intérêt le commande, il la plie et se réfugie en d'autres lieux avec ses richesses et ses récoltes, défiant alors de loin le pouvoir ou le châtiment qu'il redoute.

Querelleur, vindicatif, jaloux, les intérêts de tribu à tribu, les haines de famille se transmettent, et la *poudre parle,* comme ils disent, alors que des conflits s'élèvent ou que leurs passions s'exaltent.

Les tribus ont des chefs généralement héréditaires, pour les administrer, des muphtis pour prêtres et des cadis pour juges. Il existe, en outre, de nombreuses corporations religieuses qui étendent leur influence directe ou occulte sur toutes les populations, et, au besoin, deviennent les *prêcheurs des guerres saintes* (1).

Sous la domination turque, l'action du vainqueur ne se faisait sentir que par des impôts, pour la levée desquels des gens d'armes sortaient chaque année d'Alger. Ils exerçaient leur mission d'une manière impitoyable, et les Arabes étaient obligés de payer sur-le-champ, sous peine de voir leurs blés brûlés, leurs troupeaux confisqués, et de souffrir ces infâmes et ignobles orgies où la barbarie le dispute à la luxure (2).

(1) Les membres de ces corporations s'appellent *kouans* (frères). Ce sont des musulmans exaltés; ce sont nos anciens ordres monastiques sauf la claustration, ayant leurs chefs, et dont le chiffre s'élève à près de *cent mille*.

(2) Je trouve le passage suivant dans un Mémoire présenté à Louis XIV en 1665.

« Les dites troupes sont envoyées, l'une du costé de Coustantine, à quatre-vingts lieues du dit Alger, du costé du levant; et l'autre vers Tremisen (Tlemcen), à même distance du chemin, du costé du ponant; et faut qu'ils soient nécessairement chacune en son quartier à la Saint-Jean, parce qu'avant que les Arabes, qui sont des peuples qui habitent une grande étendue de pays, coupent leurs bleds, ils se font payer de leurs droits qu'ils exigent sur eux ; car manquant d'y estre avant la récolte, ils ne retirent aucune chose, et la raison est que dans tous les villages dudit pays, à cause de la grande quantité de bestiaux qu'ils ont, les maisons sont des tentes et se changent d'un lieu à autre quand bon leur semble, pour aller chercher de quoy nourrir leurs dits bestiaux, si bien que s'ils leur donnent loisir de faire leur récolte, ils se retireront avec tous

Alors l'Arabe était maître du pays et vassal seulement du Turc, qui ne lui demandait ni terres, ni hommes, et se serait bien gardé de s'y avanturer autrement que pour percevoir l'impôt.

Notre conquête a mis fin à cet état de choses ; nous n'avons pu nous renfermer dans les villes du littoral, et, pour nous assurer les moyens d'y être en sûreté, nous avons dû nous rendre maîtres des territoires qui les environnaient ; puis, le système de colonisation s'établissant sur une plus vaste échelle, nous avons été conduits à occuper le pays tout entier, et si aujourd'hui notre domination est acceptée partout, nous le devons en partie à l'action incessante des bureaux arabes, grandissant et s'étendant comme la conquête elle-même.

Dès notre entrée à Alger, on reconnut la nécessité de pourvoir au gouvernement des Arabes, au moins pour ceux de l'intérieur et pour les tribus qui se trouvaient dans la plaine. Un arrêté

leurs bleds et moissons ; qu'ils font porter le tout aisément et commodément sur des chameaux, bœufs et chevaux, et se retirent en lieux advantageux pour combattre ; ils sont secourus de leurs amis, qui estant en plus grand nombre que ceux d'Alger, ils s'exemptent dudit droit qui revient à trois cent mille écus par an, estant lesdits deniers destinez pour le payement de la susdite milice d'Alger.

» Mais les bleds estant encore à estre recueillis, ils sont contraints de payer ou de souffrir que leurs bleds soient bruslez. »

du 18 février 1831 rétablissant la fonction d'agha qu'on avait dû supprimer (1), en investit le grand prévôt de l'armée ; un autre arrêté du 10 mars mit à sa disposition douze Arabes montés, dont deux chefs, tant pour guider les colonnes que pour le service habituel de la correspondance avec les chefs des tribus. En 1834, un arrêté du 10 novembre vint déterminer les attributions de cet agha, chargé sous la direction immédiate du gouvernement général, des rapports avec les tribns et de la police du territoire, de recevoir les plaintes et d'assurer, par tous les moyens en son pouvoir, la souveraineté française, la paix publique et l'exécution des ordres du gouverneur général. En 1837, un arrêté du 22 avril supprima l'agha et créa une direction des bureaux arabes ; cet arrêté fut ainsi motivé : « Considérant que cette institution a pour but de faciliter et d'étudier nos rapports avec les tribus de l'intérieur, de les attirer sous notre domination en respectant leurs usages, en protégeant leurs intérêts, en leur faisant rendre bonne et exacte justice, en maintenant parmi elles l'ordre et la paix... » La direction des affaires arabes fut elle-même supprimée en 1839, et ses attributions conférées

(1) L'agha nommé par le maréchal de Bourmont était un Maure appelé Habdam ben Amin Secca, qui dut être interné en France à cause de ses intrigues.

à l'état-major général, pour être rétablie par arrêté de M. le maréchal Bugeaud, en date du 16 août 1841 (1).

Mais, indépendamment de cette organisation successive du bureau arabe d'Alger, il fallut également, dès les premiers mois qui suivirent la conquête, lorsque l'armée rencontrait une hostilité acharnée à chaque pas qu'elle tentait en dehors de la banlieue de la ville, régulariser les efforts que l'on faisait pour se procurer des renseignements sur la topographie du territoire, sur la constitution sociale et politique des populations, et surtout pour surveiller les tribus arabes et nouer des relations avec elles ; ce travail fut confié à quelques officiers déjà familiarisés à la langue du pays, et qui s'étaient en quelque sorte créés une spécialité pour ces affaires toutes nouvelles.

Alors on ne pouvait évidemment employer que des militaires, car l'action de la France était toute guerrière, et c'était pour conquérir le terrain pied à pied que l'armée prodiguait son sang et bravait le soleil d'Afrique. Voilà ce qu'on oublie encore aujourd'hui.

Cette lutte fut longue, elle eut ses intermit-

(1) Ce fut M. Daumas, chef d'escadron au 2e régiment de chasseurs d'Afrique, qui fut nommé directeur de ce service, dont il était déjà l'un des officiers les plus distingués.

tences, et ne se ressentit que trop des influences diverses qui, de la tribune parlementaire, entendaient régler le sort de l'Algérie, et formulaient chacune leur système, les unes prêchant l'abandon pur et simple, d'autres l'occupation restreinte; il fallut aussi compter avec les revirements de l'opinion et les fluctuations des partis se disputant le pouvoir sur ce terrain.

En 1840, nous ne possédions encore que quelques villes, dans lesquelles nous étions bloqués; si de temps à autre, franchissant cette ligne de blocus, nous faisions des pointes dans l'intérieur pour ravitailler les garnisons ou pour châtier d'insolentes agressions, notre autorité ne s'étendait pas au delà de la place occupée par nos colonnes; l'insurrection s'ouvrait devant elles pour se reformer en arrière.

Il fallut huit ans de guerre sans trève pour amener la soumission d'Abd el Kader, et ce ne fut qu'à la fin de l'année 1847 que cet opiniâtre adversaire, à bout de force, de ruse et d'autorité, posa les armes et vint s'en remettre à la générosité de la France, qui ne lui a pas fait défaut.

Ce fut surtout pendant ce temps d'épreuves et de fatigues que les rudiments épars dont le service arabe se composait reçurent des développements qu'un arrêté ministériel du 1er février 1844 vint formuler en une organisation régulière.

Voici comment sont conçus les articles 1, 2, 3, 4 et 5 de cet arrêté :

« Art. 1er. Il y aura, dans chaque division militaire de l'Algérie, auprès et sous l'autorité immédiate de l'officier général commandant, une direction des affaires arabes.

» Des bureaux désignés sous le nom de bureaux arabes seront en outre institués :

» Dans chaque division et sous les ordres directs de l'officier général commandant ;

» Subsidiairement, sur chacun des autres points occupés par l'armée où le besoin en sera reconnu, et sous des conditions semblables de subordination à l'égard des officiers investis du commandement.

» Art. 2. Les bureaux arabes seront de deux classes, savoir : de première classe, ceux établis aux chefs-lieux de subdivision; de deuxième classe, ceux établis sur les points secondaires.

» Ces bureaux ressortiront respectivement à chacune des divisions militaires dans la circonscription de laquelle ils se trouveront placés.

» Art. 3. Les directions divisionnaires et les bureaux de leur ressort seront spécialement chargés des traductions et rédactions arabes, de la préparation et de l'expédition des ordres et autres travaux relatifs à la conduite des affaires arabes, de la surveillance des marchés et de l'établissement des comptes de toute nature à rendre au gouvernement général sur la situation politique et administrative du pays.

» Art. 4. Indépendamment de ses attributions comme direction divisionnaire, la direction d'Alger centralisera le travail des directions d'Oran et de Constantine, sera chargée de la réunion et de la conservation des archives, et de la préparation des rapports et comptes généraux à adresser au ministère de la guerre, et prendra, en conséquence, le titre de Direction centrale des affaires arabes.

» Elle exercera sous l'autorité immédiate du gouverneur général.

» Art. 5. Partout et à tous les degrés, les affaires arabes dépendront du commandant militaire, qui aura seul qualité pour donner et signer les ordres, et pour correspondre avec son chef immédiat, suivant les règles de la hiérarchie. »

Cet acte et sa date sont également importants, car ces prescriptions prouvent que, dès cette époque, on avait précisé les limites des attributions des bureaux arabes, qui n'étaient, comme ils ne sont encore, qu'un bureau de l'état-major général, chargé d'un service spécial, et relevant directement du commandant militaire du lieu, qui a seul droit *de donner et de signer les ordres*, comme le dit l'art. 5 de l'arrêté.

Dans ces données, les bureaux arabes n'étaient, ne sont et ne peuvent être que des intermédiaires utiles et précieux, puisqu'ils n'ont aucun pouvoir direct, alors que, composés d'hommes versés dans la langue arabe, connaissant les mœurs, les usages des populations placées sous leur direction, ils peuvent, mieux que tous autres agents, tenir l'autorité française au courant des besoins ou des menées de ces populations, les conseiller, les guider, leur donner une direction, et répandre parmi elles tous les sentiments que nous avons tant d'intérêt à propager, comme aussi leur fournir les moyens d'améliorer leur culture, l'élève de leurs bestiaux, et surtout de rendre avantageux pour tous leurs rapports avec les Européens.

Ce fut donc aux agents des bureaux arabes que le gouvernement dut recourir toutes les fois qu'il eut à organiser l'administration des tribus, comme il s'en était servi pour préparer la conquête du territoire par les renseignements qu'ils se procuraient et par les relations qu'ils savaient s'y créer.

Ces organisations de tribus eurent aussi leurs différentes phases.

En 1843, après la destruction des réguliers d'Abd el Kader, alors que les tribus, qu'il ne protégeait plus, commencèrent à faire leur soumission, on fut forcé, à défaut d'un nombre

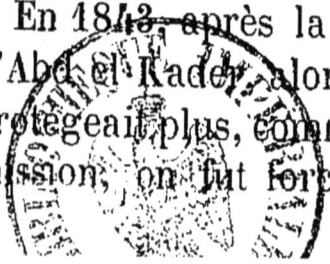

suffisant d'officiers expérimentés et aptes à ce service, de laisser aux indigènes leur propre organisation ; le territoire conquis fut seulement divisé en grands commandements confiés à des chefs arabes, agissant sous le contrôle de l'administration française, afin de les faire servir de point d'appui dans le pays et d'offrir aux représentants des principales familles de hautes positions auxquelles fussent attachés des traitements élevés et un grand pouvoir ; de là les *khalifaliks*, subdivisés eux-mêmes en circonscriptions moins étendues appelées *aghaliks*, qui comprenaient un certain nombre de *kaïdats* (1).

(1) « La bonne administration, disait M. le maréchal Bugeaud, dans une instruction du 17 septembre 1844, exigera peut-être toujours que dans les emplois secondaires nous fassions administrer les Arabes par les Arabes, en laissant la haute direction aux commandants français des provinces et des subdivisions ; mais, quant à présent, c'est une nécessité, car le nombre d'officiers connaissant la langue, les mœurs, les affinités des Arabes, sera longtemps trop restreint pour que nous puissions songer à donner généralement aux Arabes des aghas et kaïds français.

» Il faut donc nous servir des hommes qui sont en possession de l'influence sur les tribus, soit par leur naissance, soit par leur courage, soit par leur aptitude à la guerre et à l'administration.

» La naissance exerce encore un grand empire chez les indigènes ; si elle ne doit pas être l'unique cause de notre préférence, elle doit toujours être prise en grande considération. Eloigner du pouvoir les familles influentes serait s'en faire des ennemis dangereux ; il vaut beaucoup mieux

Bientôt on s'aperçut qu'il pouvait y avoir du danger à donner d'aussi grands pouvoirs, dont ils n'étaient que trop portés à abuser, à des chefs placés en dehors d'un contrôle sérieux; et qu'on retardait ainsi l'instant où, par notre administration directe sur les populations, nous pourrions leur faire apprécier la justice de notre gouvernement.

On ne pourvut plus dès lors aux grands commandements devenus vacants, ou, tout en laissant aux chefs un titre qui était une juste appréciation de leur position au milieu des leurs, on leur en conserva seulement les émoluments pour, autant que possible, ne maintenir dans leurs fonctions effectives que les kaïds, véritables maires ou officiers de police des tribus.

Ce fut encore par les soins des bureaux arabes que toutes ces transformations durent se ménager et se préparer, afin de pouvoir les opérer sans amener une trop grande secousse.

Mais ces transformations de gouvernement ne furent pas les seules questions dont les bureaux arabes eurent à s'occuper. Il fallut aussi préparer une meilleure organisation de la justice,

les avoir dans le camp qu'en dehors. La noblesse arabe a beaucoup de fierté et de prétentions. Si on l'éloignait des emplois, elle ne manquerait pas de s'en faire honneur aux yeux des fanatiques de religion et de nationalité Le meilleur moyen de l'annuler, de diminuer son prestige, c'est de la faire servir à nos desseins. »

garantir les populations contre les exactions de leurs chefs dans la levée des impôts et l'accomplissement des divers devoirs qui leur étaient imposés ; amener les indigènes à régulariser leur état civil, à donner une éducation nationale aux enfants, assurer les besoins du culte ; enfin, chercher surtout à fixer au sol ces tribus nomades, errantes, toujours prêtes à s'éloigner vers le désert au moindre souffle d'appréhensions, et couvrant des espaces immenses que réclamait la colonisation européenne,

Ce furent encore les bureaux arabes qui devinrent les intermédiaires et les agents du gouvernement pour la solution de ces grandes questions, même dans les territoires civils ; car les résultats obtenus par les bureaux arabes militaires, et le besoin bien senti d'avoir des agents spéciaux pour administrer les indigènes sous la direction de l'autorité supérieure, amenèrent le gouvernement à les introduire dans l'administration civile, alors que la domination fut assez assise pour permettre de ranger sous ce gouvernement non-seulement les villes, mais aussi des portions considérables de territoire qui, chaque jour, s'étendent de plus en plus avec la marche de la colonisation.

Mais si l'on pouvait trouver, dans les rangs d'une armée aussi nombreuse que celle qui occupe l'Algérie depuis tant d'années, un nombre suffisant de militaires connaissant la langue arabe et initiés aux mœurs des indigènes, pour arriver à un recrutement satisfaisant des bureaux arabes, il n'en était pas de même de l'administration civile, à moins qu'on ne recourût aux maures et aux juifs, et le temps seul pouvait former, parmi nos fonctionnaires européens, des agents propres à ce service tout spécial; aussi, bien que ce fût en 1848, dans l'année même de la soumission d'Abd el Kader, que fut rétabli le premier service civil des bureaux arabes par le général Cavaignac pour la ville d'Alger (arrêté du 1er mai 1848), ce ne fut qu'en 1854 que furent définitivement organisés les bureaux arabes départementaux par décret impérial du 8 avril, rendu sur la proposition de M. le maréchal Vaillant.

L'article 1er du décret place les bureaux arabes départementaux auprès et sous la direction des préfets dont ils sont délégués. Ces bureaux se composent d'un chef, d'un adjoint et d'un personnel indigène.

L'article 2 fixe les attributions administratives réservées aux bureaux en dehors de l'autorité municipale (1).

---

(1) **Art. 2.** Les attributions en matière d'administration indigène qui sont réservées à l'autorité préfectorale sont les suivantes :

Police politique des indigènes.

Dans l'arrondissement ou chef-lieu, le préfet surveille et dirige, par l'intermédiaire de ce bureau, toutes les affaires indigènes dont l'article 2 lui donne l'administration. Dans les autres arrondissements, des adjoints au bureau arabe sont détachés près des sous-préfets pour exercer au même titre; et, dans les commissariats civils, les fonctions en sont remplies par les commissaires eux-mêmes.

Mais, à la différence des bureaux militaires, les chefs et adjoints des bureaux départementaux peuvent exercer celles des attributions des

Organisation et personnel du culte, de l'instruction publique et de la justice, en ce qui touche les musulmans.

Organisation et surveillance des corporations.

Surveillance des sociétés religieuses connues sous le nom de *kouans*.

Organisation et surveillance du *bitt el-mâl* (biens du domaine), de concert avec le service du domaine.

Organisation et surveillance des établissements de bienfaisance spéciaux aux musulmans.

Secours politiques aux indigents arabes.

Surveillance des marchés, avec le concours de l'autorité municipale.

Surveillance des opérations de l'*amin-el sekkat*, avec le concours du service des contributions diverses.

Sages-femmes musulmanes.

Dellals ou encanteurs.

Surveillance des armuriers indigènes et autorisation d'achat d'armes et de munitions de guerre par les indigènes.

Préparation des rôles de l'impôt arabe.

Les autres attributions sont du ressort de l'autorité municipale.

préfets que ceux-ci jugent convenable de leur déléguer, qu'elles soient administratives, de police ou judiciaires.

Les attributions administratives sont celles énumérées en l'article 2 ; les attributions de police sont celles qui autorisent l'arrestation préventive, pendant vingt-quatre heures, des indigènes membres de corporations (*berzanis*); les attributions judiciaires sont déterminées par les articles 5, 6, 7 et 8 de l'arrêté. Il en résulte que les chefs de bureaux et adjoints peuvent par délégation, comme juges de police, condamner à une amende de 1 à 15 fr. et à un emprisonnement de un à cinq jours, et qu'ils peuvent, comme juges de paix, connaître, sur la comparution volontaire des parties, des litiges n'excédant pas 100 fr. Leur sentence est immédiatement exécutoire sous une peine qui ne peut excéder cinq jours de prison et 15 fr. d'amende.

La grande division entre les bureaux arabes militaires et les bureaux arabes civils fut celle même du territoire, suivant qu'il est soumis au régime militaire ou à l'administration civile.

Cette division, qui ressort de la nature même des choses, et qui a dû suivre les progrès de la colonisation, a été sanctionnée par le décret du 9 décembre 1848, dont les trois premiers articles portent :

« Art. 1er. La division actuelle en trois provinces est maintenue ; chaque province est divisée en territoire civil et en territoire militaire ; le territoire civil de chaque province formera un département.

« Art. 2. Le département sera soumis au régime administratif de la métropole, sauf les exceptions résultant de la législation spéciale de l'Algérie. Le territoire militaire sera exclusivement administré par les autorités militaires.

« Art. 3. Les arrêtés du pouvoir exécutif désigneront les localités et circonscriptions territoriales qui seront respectivement classées dans le département ou sur le territoire militaire. »

Ainsi, aujourd'hui, les bureaux arabes ont dans leur domaine le sol entier de l'Algérie. Leurs agents sont militaires ou civils, selon la classification du territoire ; leur action s'étend sur tous les indigènes et embrasse toute leur administration, depuis le gouvernement politique jusqu'à l'administration du culte et de la justice, depuis la perception de l'impôt jusqu'à celle des amendes et des charges de guerre.

Mais on comprend que cette administration doit être différente comme le régime auquel est soumis le territoire, et que son but même ne saurait avoir la même portée dans un territoire militaire que dans un territoire civil.

Dans le premier, la conquête est encore *flagrante, tout est à faire*, et c'est surtout au territoire militaire que s'applique cette définition du bureau arabe, que nous trouvons dans un exposé des motifs présentés à l'appui du projet de loi sur l'administration générale des indigènes, par le général Daumas :

« Cette institution a pour objet d'assurer la pacification durable des tribus par une administration juste et régulière, comme de préparer les voies à notre colonisation, à notre commerce, par le maintien de la sécurité publique, la protection de tous les intérêts légitimes et l'augmentation du bien-être chez les indigènes. Ses agents doivent tendre de plus en plus à préparer la solution pacifique de toutes les difficultés qui n'ont que trop souvent exigé l'emploi de la force, et à surmonter tous les obstacles que nous oppose une société si différente de la nôtre par les mœurs et la religion. Par l'étude du pays et l'appréciation de tous les intérêts qui font mouvoir la population arabe, ils parviendront à indiquer l'emploi le plus utile et le plus opportun de la force militaire en cas d'insurrection, et prépareront la répression de toute révolte par les moyens les plus expéditifs et les moins onéreux. Enfin, ils doivent s'efforcer d'amener les indigènes à accepter, avec le moins de répugnance possible, et notre domination et les éléments du gouvernement qui doivent l'affermir. »

Dans ce territoire, les populations sont autres que celles des villes ; éloignées de l'influence de notre civilisation, elles y conservent la leur dans toute sa virilité ; or, c'est à préparer, à recevoir l'influence de la civilation européenne, à accepter la colonisation et à y participer, que les efforts doivent tendre ; aussi les instructions de l'administration de la métropole et celles des gouverneurs généraux ont-elles eu toutes pour but d'amener ce résultat sans trop de résistance, et en alliant l'intérêt européen et l'intérêt indigène.

Qu'il me soit permis encore de citer ici un passage d'une instruction adressée aux bureaux arabes par le regrettable et illustre maréchal Bugeaud :

« Après la conquête, le premier devoir comme le premier intérêt du conquérant est de bien gouverner le peuple vaincu ; la politique et l'humanité le lui commandent également.

» A cet égard, la conquête de l'Algérie se distingue des conquêtes que l'on a faites quelquefois en Europe : là, quand on gardait une province conquise, on n'avait pas la prétention d'introduire dans son sein un peuple nouveau, on ne voulait pas prendre une partie des terres pour les donner à des familles étrangères, différant de mœurs et de religion.

» En Afrique, au contraire, tous ces obstacles se présentent devant nous, et rendent la tâche infiniment difficile. Nous devons donc porter la plus grande sollicitude, la plus grande activité et une patience inébranlable dans l'administration des Arabes.

» Nous nous sommes toujours présentés à eux comme plus justes et plus capables de gouverner que leurs maîtres, nous leur avons promis de les traiter comme s'ils étaient enfants de la France, nous leur avons donné l'assurance formelle que nous leur conserverions leurs propriétés, leur religion, leurs coutumes, etc.; nous leur devons, et nous nous devons à nous-mêmes, de tenir en tout point notre parole.

» Nous avons fait sentir notre force et notre puissance aux tribus de l'Algérie, il faut leur faire connaître notre bonté et notre justice, et leur faire préférer notre gouvernement à celui des Turcs et à celui d'Abd el Kader ; ainsi, nous pourrons espérer de leur faire supporter d'abord notre domination, de les y accoutumer plus tard, et, à la longue, de les identifier avec nous de manière à ne former qu'un seul et même peuple sous le gouvernement de la France. »

Ces instructions si sages ne sont pas restées

dans les termes vagues d'une théorie stérile, elles ont constamment trouvé leur application dans les règlements faits successivement pour chacune des branches de l'administration des indigènes. C'est ce qu'il est facile de démontrer par un rapide aperçu de ces règlements.

ADMINISTRATION DE LA JUSTICE.

Le premier devoir était d'assurer une bonne administration de la justice, de la rendre uniforme et peu coûteuse pour tous les indigènes, et surtout de l'approprier à leurs mœurs. C'était là une tâche des plus difficiles, car chez les peuples mahométans, le pouvoir politique, le pouvoir religieux, le pouvoir civil, le pouvoir juridictionnel, se confondent dans une même origine, dans une même date, dans un même livre, et ce livre est celui du dogme : c'est le Coran. De plus, on se trouvait en présence de juridictions multiples, établies depuis longues années, tenant à des corporations ou à des institutions spéciales qui se faisaient souvent concurrence, et entraînaient des appels successifs et si onéreux, que le justiciable ne pouvait pas toujours en parcourir tous les degrés.

Depuis 1830 jusqu'au décret du 1er octobre 1854, qui a donné une organisation complète à la justice indigène, bien des essais furent faits (1), mais aucun n'avait amené le résultat désiré, et il fallut vingt-cinq ans d'études et de préparation pour l'atteindre.

Le principe qui domine le système en vigueur est celui de l'indépendance en matière civile de la justice musulmane, vis-à-vis de la justice française ; celle-ci demeurant, en matière criminelle, seul juge des crimes, des délits et des contraventions, quelle que soit la nationalité de l'inculpé ; ce qui supprime les peines du bâton ou d'amendes arbitraires infligées judiciairement, et ne permet plus guère l'emploi du premier de ces châtiments que pour les infractions aux lois religieuses, dans les localités éloignées de notre influence et de notre surveillance.

Cette première division opérée entre la justice répressive et la justice civile, le décret divise le territoire algérien en circonscriptions judiciaires formant le ressort des tribunaux de kadis (juges du premier degré), et dont un certain nombre forme le ressort des medjlès (juges d'appel), tous composés d'indigènes ; les kadis jugent en dernier ressort lorsque le chiffre de la demande n'excède pas deux cents francs ou lorsque le litige ne porte pas sur une ques-

_____

(1) Voir arrêtés et ordonnances des 22 octobre 1830, 16 août et 8 octobre 1832, 10 août 1834, 28 février 1841, 26 septembre 1842, 17 juillet 1843, 29 juillet 1849, 3 septembre 1850.

tion d'état; au-delà de cette somme ou dans les questions d'état, les parties peuvent attaquer le jugement des kadis devant le medjlès de la circonscription, qui prononce souverainement.

Par conséquent, deux degrés seulement, le kadi et le medjlès, tribunaux exerçant sous la surveillance du pouvoir politique, c'est-à-dire du général commandant le territoire militaire; du préfet dans les départements, et agissant toujours par l'intermédiaire des bureaux arabes.

Le décret organise en outre un medjlès supérieur, conseil de jurisprudence musulmane, choisi parmi les muphtis, kadis ou ulémas les plus distingués, chargé d'éclairer les points obscurs de la législation et de fixer la jurisprudence, avec la sanction de l'autorité politique. Ce décret prescrit encore des règles uniformes et simples pour la procédure devant les tribunaux indigènes. Enfin, en n'admettant qu'un seul kadi par circonscription territoriale, ce décret a fait disparaître, dans la fusion qu'il opère, le kadi attaché aux principaux bureaux arabes, pour ne plus laisser aux Arabes qu'un seul juge, à moins qu'ils ne préfèrent recourir à la justice française, ce dont la loi leur laisse toujours la faculté.

ÉTAT CIVIL.

C'est surtout pour les musulmans que la vie privée est sacrée et que la famille est murée. Permettre de constater la naissance de ses enfants, ses mariages, les décès des membres de sa famille, semble au sectateur de Mahomet la violation de sa loi, et cependant, aujourd'hui, l'état civil est régulièrement établi dans les villes; pour les tribus vivant sous la tente, il se constate par l'intermédiaire des cheiks, espèces d'adjoints chargés également de la police locale. En territoire militaire, cet important service tend chaque jour à se régulariser.

CULTE.

Les mosquées, dépouillées de leurs biens (*habous*), qui ont été réunis au domaine afin de ne pas laisser aux mains de prêtres fanatiques un moyen puissant d'agitation contre notre domination, ou d'en détourner les revenus à leur profit, sont partout entretenues aux frais de l'État et desservies par des muphtis nommés par l'administration française, sur la présentation des bureaux arabes, sans que maintenant on puisse craindre d'en voir résulter le moindre mécontentement parmi la population indigène (1).

INSTRUCTION PUBLIQUE.

Le gouvernement comprenait trop l'immense intérêt qu'il avait à conquérir la jeune génération musulmane par l'enseignement, pour ne pas chercher les moyens d'y parvenir. Un décret du 14 juillet 1850 a donc créé un certain nombre d'écoles musulmanes, destinées au double enseignement de l'arabe et du français, sous la direction de maîtres européens ; les unes destinées aux garçons, les autres aux jeunes filles ; et les populations des villes, loin d'éprouver la moindre répugnance à y envoyer leurs enfants, y ont mis assez d'empressement pour forcer à augmenter toutes celles de la ville d'Alger. Un autre décret, du 30 septembre 1850, a, en outre, constitué dans chaque province des écoles d'enseignement supérieur (*mderza*), afin de faire concurrence aux *zaouia*, sorte d'établissement hospitalier et d'instruction publique, annexe des mosquées, et trop souvent dirigé par des maîtres fanatiques.

(1) Voir arrêtés des 23 mars 1843 et 30 octobre 1848.

AGRICULTURE.

C'est surtout vers ce point que se sont portés les efforts des bureaux arabes, car il fallait préparer le terrain de la colonisation européenne par le refoulement et le cantonnement des Arabes, qui n'y voyaient d'abord qu'une spoliation, et chercher à compenser l'espace par l'amélioration de la culture et des produits agricoles. A cet égard, les soins sont incessants, et, il faut le dire, sauf les méthodes et les instruments de travail dont l'Arabe redoute la nouveauté, il s'est associé à nos efforts, les a compris et a cherché à en profiter ; c'est que là son intérêt personnel parlait bien haut, et c'est une voix qu'il sait toujours écouter ; — mais que de précautions n'a-t-il pas fallu prendre? que de difficultés n'a-t-il pas fallu vaincre pour arriver à ce résultat? résultat *immense*, puisqu'il tend à fixer l'Arabe au sol et à l'arracher à ses goûts nomades; puisqu'il rend possible de le lier à nous par des intérêts qu'il pouvait auparavant soustraire aisément à notre atteinte.

Une des mesures les plus heureuses a été le forage des puits artésiens, qui est apparu à l'Arabe comme un trésor inappréciable arraché aux entrailles de la terre par le génie bienfaisant de son vainqueur.

Que cette tâche se poursuive donc avec ardeur et avec constance, car, grâce aux voies de communication que je considère comme un des éléments les plus considérables et les plus certains de la sécurité publique et de la colonisation ; la culture et l'élève du bétail pourront compter bientôt parmi les effets les plus féconds de notre domination sur les indigènes, pourvu surtout que cette culture se porte sur trois points qui doivent un jour faire la richesse et la fortune de la France, *le blé, le coton, le tabac.*

POLICE.

C'est là une des attributions les plus importantes des bureaux arabes, soit dans les villes, soit dans les autres parties de nos possessions.

Dans les villes, l'action des bureaux arabes s'étend particulièrement sur la population indigène flottante, à laquelle on donne le nom de *berranis*, et qui se compose des individus venant de la Kabylie, de Biskara, de Laghouat, de l'oasis des Beni-Mzab, du centre même de l'Afrique, pour travailler et se livrer au négoce dans les villes ; ces indigènes, afin d'économiser plus vite le pécule avec lequel ils entendent retourner dans leur pays natal, vivent la plupart sans domicile fixe, cherchant un abri pour la nuit dans les cafés, dans les bazars, sous les arcades des places publiques ou même tout simplement le long des murs des rues.

Tous ces *berranis* sont classés suivant leur lieu d'origine et pourraient presque l'être d'après leur industrie, tant elle est étroitement unie à la nationalité. Ainsi le Kabyle s'emploie comme manœuvre ou comme ouvrier agricole ; le Mozabite comme baigneur, boucher, épicier, marchand en détail ; le Laghouati est adonné au transport des huiles ; le nègre blanchit les maisons, etc.

Chaque nation forme une corporation dont un *amin* ou syndic a la surveillance, et la réunion de tous les *amins* constitue un tribunal de prud'hommes et de police à l'égard de leurs administrés.

A son arrivée dans une ville, le berranis est conduit au bureau arabe ; il y est inscrit avec son signalement et reçoit en retour une plaque numérotée qui lui sert de carte de résidence. Dès lors il tombe sous la surveillance de son amin, qui devient son intermédiaire avec l'autorité française, sans pour cela que celle-ci se dessaisisse du droit de suivre directement les traces du résident.

C'est ainsi qu'on est parvenu à se rendre

maître d'une population nomade, indisciplinée, turbulente, dangereuse même, si elle pouvait échapper à la répression.

Pour les Arabes vivant en dehors des villes, sous la tente, en territoire civil, l'administration cherche à rompre les liens qui attachent les diverses fractions des tribus entre elles pour les associer aux intérêts de la commune française.

Dans ce but, on a incorporé ces fractions à la commune la plus voisine pour tout ce qui touche aux mesures municipales, en les faisant relever directement de l'autorité préfectorale pour toutes les questions relatives au culte, à la justice, à l'instruction publique et à la police générale; et c'est par l'intermédiaire des bureaux arabes et des cheiks assistés de gardes champêtres que la police s'y exerce.

Une fois par semaine, un agent du bureau arabe visite les groupes indigènes, assiste aux marchés, écoute les plaintes et se met en rapport avec les hommes influents pour leur faire comprendre la nécessité et le sens des mesures qui sont prises par l'autorité.

Mais si, sur le territoire civil, telle est la tâche des bureaux arabes départementaux, sur le territoire militaire, où la population européenne est à peine jalonnée, où les tribus ont conservé toute leur organisation, l'action de surveillance et de police des bureaux arabes militaires a bien une autre portée et exige une direction plus énergique. Le premier soin est d'y assurer la sécurité, la liberté des communications, ainsi que la paix entre les tribus; or, c'est par la création de postes permanents entretenus par les membres des tribus, par des patrouilles de cavaliers indigènes réguliers ou irréguliers, et surtout par un système sagement raisonné de responsabilité des tribus pour tout acte de brigandage et d'exaction commis sur leur territoire, qu'on est parvenu à l'établir dans l'intérêt général et particulièrement dans celui de la population européenne.

Ce système était d'autant plus rationel, que, chez les Arabes, un voleur ou un assassin ne peut que difficilement cacher son méfait, car tous se connaissent entre eux, tous ont leur tente, une famille, des amis. Ceux-ci ne peuvent manquer d'apprendre la cause de l'assassinat, si c'est une vengeance ; ils voient aussi presque toujours les objets volés, si le meurtre a été commis par cupidité. Forcer les tribus à livrer les coupables, les obliger à maintenir la sûreté et la sécurité des routes, les y contraindre par voie d'amende était donc une obligation, et cette obligation a fait l'objet de plusieurs règlements, dont les premiers remontent à 1844.

C'est également en évitant les conflits d'intérêt entre les tribus, en s'interposant entre elles, en les obligeant à garder *la trève de Dieu*, comme en Europe au moyen âge, en agissant sur elles par l'influence des chefs indigènes que nous leur avons donnés, ou par la propre intervention de nos officiers, qu'on a pu et qu'on peut encore arrêter ces luttes sanglantes toujours prêtes à s'engager entre hommes à passions ardentes, et pour qui la poudre n'est que trop souvent la seule raison convaincante.

Telles sont les principales branches des attributions des bureaux arabes, au double point de vue de l'administration et de la police, mais il en est encore d'autres qui touchent de plus près aux reproches qui leur sont faits ; ce sont celles qui concernent les impôts, les razzias et le maniement des fonds qui en ressort.

Eh bien, en ce qui concerne ces diverses attributions, les règlements ont tout prévu, et l'abus ne peut naître que de leur défaut d'exécution, car il en résulte que jamais un officier du bureau arabe ne devrait recevoir par lui-même, ou dans son bureau, un denier à titre quelconque. C'est encore ce qu'il est facile de démontrer.

IMPOTS.

La nature et la proportionnalité des impôts sont fixés par des arrêts ministériels ; chaque année, les chefs indigénes produisent des listes nominatives, constatant le nombre d'hectares mis en culture (ce qui fait la base de l'impôt appelé *achour*), le nombre des différentes sortes de bestiaux possédés par chaque individu de la tribu (base du *zekket*), et le nombre de tentes ou de chaumières (base de la *gharamma* ou du *lezma*). Ces listes sont vérifiées par les chefs des bureaux arabes, et soumises par le commandant supérieur à la commission consultative (sorte de conseil d'arrondissement) (1) ; là, après une nouvelle vérification, on arrête les rôles et on détermine la quotité pour chaque contribuable et pour chaque nature d'impôt. Ces rôles deviennent exécutoires lorsqu'ils ont reçu l'approbation du gouverneur général, auquel ils ont été transmis par l'officier général commandant la province.

Les bureaux arabes sont chargés de notifier à chaque chef de tribu la partie du rôle qui le concerne; celui-ci réunit alors les notables (*Djemaa*), leur communique les ordres, et

---

(1) Cette commission est ainsi composée : le commandant supérieur de la subdivision, président; le sous-intendant militaire, le commandant de l'artillerie, le commandant du génie, l'officier chargé des affaires arabes, l'officier chargé des fonctions civiles et judiciaires, le juge de paix et le maire, les chefs des divers services financiers, un officier de santé, deux notables européens et deux notables indigènes.

s'entend avec eux pour la perception qui doit être faite par ses cavaliers. Lorsque le chef arabe a recueilli la totalité de l'impôt, il va, sous la conduite d'un agent du bureau arabe, faire le versement à la caisse du receveur des contributions, qui en délivre un récépissé.

Voilà la marche régulière, le mode de fonctionnement de l'impôt arabe. Certes, rien de plus net et de mieux entendu ; aussi l'abus de la part des agents des bureaux arabes ne peut-il guère se pratiquer dans la perception de cet impôt ; mais il a pu en être différemment dans celle de certaines taxes formant une partie des *fonds éventuels* auxquelles les tribus s'imposaient annuellement et qu'autorisait le gouverneur général, en augmentation de l'impôt régulier, pour des intérêts municipaux (1), parce qu'alors les fonds n'étaient pas versés dans la caisse du receveur des contributions ; mais aujourd'hui ces abus, toujours rares et isolés, ne peuvent plus exister, car un arrêté dû à la sollicitude de M. le maréchal Vaillant, et qui porte

(1) Tels que l'élévation ou l'entretien des caravansérails, des maisons de commandement, des mosquées, des écoles, des puits, des fontaines ; l'entretien des chemins secondaires, etc. ; établissements et travaux aussi nécessaires dans l'intérêt de notre domination que dans celui des indigènes eux-mêmes, et pour lesquels les budgets de la colonie n'offraient pas les ressources suffisantes bien qu'ils fussent souvent commandés par la sûreté publique elle-même.

la date du 20 juillet 1855, est venu interdire ces prélèvements pour les remplacer par des centimes additionnels ajoutés au principal de l'impôt, centimes dont le recouvrement se fait de la même manière que l'impôt, qui sont encaissés par les receveurs des contributions, et dont l'emploi doit être justifié par des pièces soumises à la Cour des comptes.

AMENDES.

Les amendes ont été imposées de temps immémorial d'après la législation musulmane ; nous les avons trouvées établies et nous avons dû en conserver le principe et l'application pour le maintien de l'ordre parmi les populations indigènes ; mais depuis longtemps déjà la perception et l'emploi en ont été déterminés par des règlements dont le principal est à la date du 12 février 1844.

Selon ce règlement, les kaïds ne peuvent imposer aux indigènes une amende de plus de 5 douros (25 fr.), les agas de plus de 10 douros (50 fr.), les khalifas ou bach-agas de plus de 20 douros (100 fr.), les commandants des subdivisions de plus de 500 fr., à moins d'en référer au commandant supérieur, et toujours pour des infractions prévues et déterminées par le règlement.

Le mode de perception des amendes, la tenue des registres destinés à les constater, le mode de répartition, ainsi que leur emploi, tout est prévu par ce règlement, qui sert encore de règle pour celles des amendes qui sont maintenues ; car si, en 1844, en l'absence de toute justice régulière et alors que la guerre était le lot de chaque jour, le système d'amendes se présentait comme le plus efficace pour réprimer tous les actes de révolte comme de brigandage, aujourd'hui il n'en est plus ainsi, et tout acte constituant un crime, un délit, une contravention, trouve ses juges et sa répression sur quelque partie du sol algérien qu'il soit commis, savoir : en territoire civil, les tribunaux ordinaires ; en territoire militaire, les conseils de guerre et les commissaires civils.

Quant aux amendes qui continuent à être légalement imposées, si elles le sont par l'autorité française, c'est-à-dire par le commandant supérieur qui seul a ce pouvoir, elles sont immédiatement notifiées à l'agent financier qui doit les encaisser après qu'elles ont été perçues par les chefs indigènes. Si, au contraire, elles sont imposées par les chefs indigènes, ceux-ci doivent les inscrire sur un registre spécial, vérifié par le chef du bureau arabe, et soumis mensuellement à la commission administrative ; 'argent doit, ensuite, être versé directement par les chefs indigènes dans la caisse du receveur des contributions pour la part afférente à l'Etat; les autres parts sont partagées entre ces chefs dans une proportion déterminée par les règlements.

CONTRIBUTIONS DE GUERRE.

Ces contributions ne peuvent être frappées que par le chef de l'expédition militaire ; elles sont déterminées par un ordre de service, et le versement en est effectué, en présence d'une commission nommée *ad hoc*, dans la caisse du payeur qui suit la colonne expéditionnaire ; le trésor en fait recette, et les lois financières en règlent la destination.

RAZZIAS. — SILOS SAUVAGES. — CONFISCATIONS.

Le produit des razzias, des silos et des confiscations doit être, aux termes des règlements, livré à l'intendance militaire qui en fait faire la vérification, l'estimation, en opère la vente et assure la répartition du prix entre les ayants-droit, qui sont : l'Etat, la caisse locale et municipale et les capteurs, dans une proportion également déterminée par les règlements.

Telles sont les diverses parties de l'administration indigène auxquelles les bureaux arabes, soit militaires, soit civils, se trouvent mêlés, dont ils sont les agents plus ou moins directs ; et on peut reconnaître maintenant si ces *institutions* en *elles-mêmes* méritent les reproches si sévères qui leur sont faits ; ou si, au contraire, à mesure que le temps a marché, que la conquête nous a livré le pays, que la colonisation s'en est emparée, ces institutions ne se sont pas elles-mêmes modifiées pour s'approprier de plus en plus aux services qu'elles étaient appelées à rendre, restant militaires aussi long-temps que l'action de l'armée doit se faire sentir, pour se transformer en institutions civiles alors que la préparation du territoire à ce passage a été faite par les soins de l'administration supérieure.

Ce n'est donc pas dans l'institution des bureaux arabes qu'il y a vice ; l'institution est, au contraire, nécessaire et ne pourrait encore être remplacée par aucune autre, parce qu'il serait impossible de trouver des agents propres à ce service spécial et pouvant en remplir les fonctions, avec l'autorité dont elle a besoin vis-à-vis de ses administrés, en dehors des cadres où se fait aujourd'hui son recrutement.

Qui oserait dire, en effet, que quand la nécessité d'assurer la conquête, la sûreté des personnes, la sécurité des routes, force à occuper militairement un territoire dont tous les habitants relèvent de l'autorité militaire, sont soumis à la juridiction militaire, où les Européens ne peuvent s'établir et créer des centres de population que sous la protection de nos baïonnettes, l'administration des indigènes puisse appartenir à un autre pouvoir qu'à l'autorité militaire? Qui oserait avancer que, pour ce service, elle puisse alors employer d'autres agents que ses officiers, que ceux qui viennent de vaincre les populations au milieu desquelles ils ont planté et arboré le drapeau de la France, que ceux dont l'uniforme est le signe extérieur de la puissance, que ceux qui connaissent toutes les ressources comme tous les dangers d'une contrée qu'ils viennent de conquérir ?

En territoire militaire, les bureaux arabes doivent donc être militaires , et ils y sont aussi nécessaires que l'est sur le territoire civil le bureau spécial chargé de l'administration des indigènes ; ce qu'on doit seulement désirer, ce que l'Etat doit avant tout hâter, c'est d'avancer le plus possible, par la sagesse et la fermeté bienveillante de ses actes et de son action sur les indigènes, le moment où chaque portion du territoire pourra être remise à l'autorité civile.

Chaque jour à cet égard amène son résultat, et il faudrait être évidemment injuste pour ne pas reconnaître que le gouvernement français est à la hauteur de la grande mission de civilisation que la Providence lui a donnée sur la terre d'Afrique; pour s'en convaincre, il suffit de fouiller, comme je viens de le faire, le recueil du *Bulletin officiel* de l'Algérie, car à chaque page on en trouve la preuve.

Certes, cette curieuse revue rétrospective peut accuser bien des incertitudes, bien des revirements d'opinion et de systèmes, bien des défaillances même; mais elle présente toujours l'action de la France en Algérie comme sage, modérée, comme pleine de probité, et c'est là non seulement un grand sujet de satisfaction pour l'honneur national, mais aussi de contentement pour notre vieille réputation de désintéressement et d'humanité.

Ces sentiments peuvent d'autant mieux se manifester que, s'il a fallu le quart d'un siècle pour obtenir le résultat auquel nous sommes arrivés, ce résultat est considérable, et qu'on peut espérer, sans trop d'impatience, voir maintenant l'action de la colonisation, déjà si fortement implantée au milieu des populations indigènes, y remplacer avec succès et rapidité la force des armes. Mais ce sera alors seulement qu'il n'y aura plus de conquête à faire, que les tribus auront compris et accepté sur tous les points du territoire notre puissance et notre administration, qu'il sera possible de se passer des bureaux arabes *militaires*, qui jusque-là, je le répète, ne sauraient être remplacés dans les territoires occupés *militairement*.

Est-ce à dire cependant que si l'institution est bonne, si elle doit être maintenue, si les règlements qui la régissent sont généralement bien conçus et formulés, il n'y ait rien à faire? Non, certes; et les faits révélés par le procès d'**Oran** parlent trop haut, à leur tour, pour ne pas appeler l'attention du gouvernement, comme ils ont éveillé, à juste titre, l'opinion publique, qu'ils ont presque surprise.

Mais ces faits ne sauraient au moins être imputés à l'institution elle-même, à son organisation, à sa constitution; et c'est là un véritable soulagement, car c'est aux agents qu'il faut s'adresser, et alors le remède est plus facile, puisqu'il ne s'agit que de ramener ceux qui s'écartent des règlements à leur exécution, en fortifiant encore ceux-ci au besoin par quelques nouvelles prescriptions.

Il est sans doute de ces penchants et de ces tendances qui ne peuvent que difficilement être l'objet de règlements, ou contre lesquels ceux-ci sont impuissants; mais il appartient aux hommes que la confiance du souverain a placés à la tête des armées ou de l'administration, de les combattre, dussent-ils briser les agents indociles qui ne s'assoupliraient pas aux exigences de leurs fonctions ou ne s'inclineraient pas devant les ordres de leurs chefs ; or, c'est encore ce que ne cessent de faire, par des instructions, et le ministre éminent auquel l'Empereur a confié la direction du ministère de la guerre, et le gouverneur général, dont le nom vient de recevoir un nouvel éclat par cette heureuse campagne qui a soumis à la France les populations industrieuses et guerrières de la Kabylie.

En ce qui concerne les bureaux arabes, les tendances qu'il faut combattre appartiennent, les unes aux agents de ces bureaux, les autres aux chefs militaires qui doivent les diriger.

Ce qu'on pourrait reprocher tout d'abord aux officiers des bureaux arabes, c'est de trop chercher à maintenir dans leur dépendance les populations indigènes, c'est de trop vouloir administrer le territoire lui-même, c'est, peut-être, de ne pas le livrer autant qu'ils le pourraient à l'action fécondante de la colonisation.

Ce qu'on pourrait encore reprocher à l'autorité militaire supérieure, c'est de trop abandonner, dans quelques localités, l'exercice effectif de son pouvoir à des agents inférieurs qui, peu à peu, abusant de leur confiance, se mettent au lieu et place de leurs chefs. C'est aussi, dans certaines circonstances plus que regrettables, d'avoir fermé les yeux ou de n'avoir pas assez veillé sur des actes dont l'impunité a pu conduire un malheureux officier jusqu'à provoquer à l'assassinat, sans peut-être comprendre toute la criminalité d'un acte aussi barbare qu'insensé.

Et cependant, pour ces exécutions sanglantes, sans jugement, que rien ne saurait excuser, la loi parlait, et elle parlait pour les interdire depuis longues années.

En 1842, l'opinion s'émut aussi d'une exécution, moins criminelle cependant, car le conseil de guerre avait prononcé, mais le condamné s'était pourvu en cassation, et, malgré le pourvoi, il avait subi son sort. M. le procureur général Dupin, dans un réquisitoire remarquable, s'éleva avec une grande énergie contre ce mépris de la loi et de la vie des hommes, et une ordonnance royale du 1er octobre 1842 est venue interdire toute exécution à mort, *prononcée par sentence judiciaire*, avant qu'il en eût été référé au Roi, autorisant seulement le gouverneur général, sous sa responsabilité, à ordonner cette exécution en cas d'*urgence extrême*, sauf à en rendre immédiatement compte et sans *jamais pouvoir déléguer cette suprême attribution*.

Que faut-il donc faire aujourd'hui?

1° Prendre des dispositions pour que les règlements qui déterminent les attributions des bureaux arabes soient fidèlement exécutés ;

2° Etablir un contrôle sérieux et indépendant;

3° Veiller au recrutement du personnel des bureaux arabes ;

4° Encourager, par des récompenses méritées, les agents qui auront le mieux préparé l'œuvre de la colonisation ;

5° Se séparer de tout agent qui ne se conformerait pas aux règlements, et le punir quand la faute dégénère en crime ou en délit.

6° En ce qui concerne le versement des impôts et des amendes, faire, autant que possible, qu'il s'effectue directement par le contribuable entre les mains des agents spéciaux chargés de la perception, sans avoir recours à des chefs indigènes dont le concours échappe souvent à une surveillance efficace.

Aller au delà de ces mesures, tirer d'autres enseignements du procès d'Oran, vouloir, pour le crime d'un seul, jeter la déconsidération sur l'institution des bureaux arabes et sur notre administration militaire en Algérie, serait sortir du vrai, de la réalité, comme ce serait méconnaître les services sérieux et constants rendus par une institution d'où sont sortis et dont font encore partie ces vaillants soldats, ces brillants

capitaines, ces habiles généraux dont le renom
seul est une éclatante protestation contre toute
insinuation qui porterait atteinte à l'honneur
de l'armée française.

FIN.

Impr. de Schiller aîné, 11, faub. Montmartre.

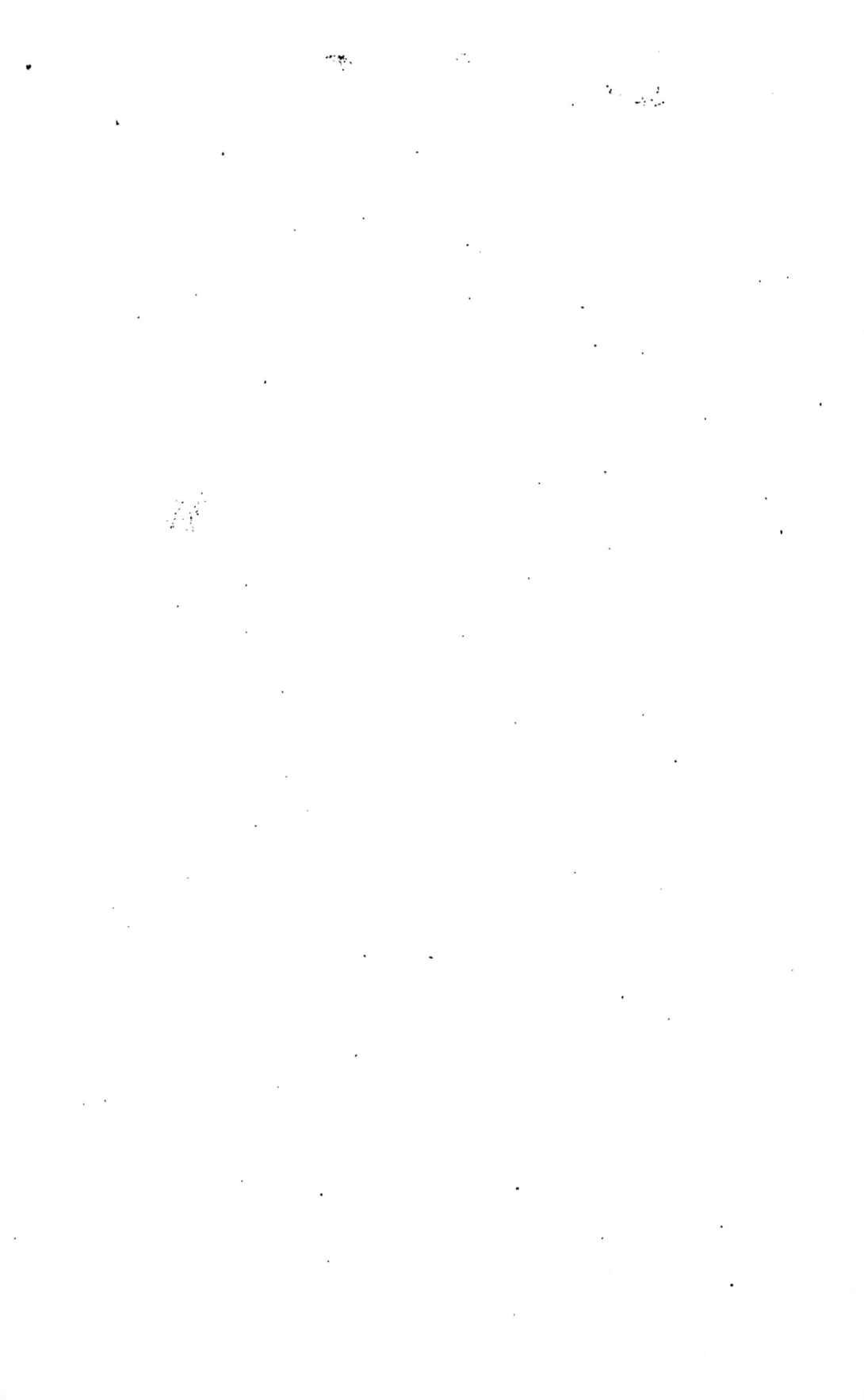

www.ingramcontent.com/pod-product-compliance
Lightning Source LLC
Chambersburg PA
CBHW071010280326
41934CB00009B/2248